BULLETIN OFFICIEL

DU MINISTÈRE DE LA GUERRE.

ÉDITION MÉTHODIQUE.

RÉSERVE ET ARMÉE TERRITORIALE

—

HOMMES DE TROUPE

—

Supplément arrêté au 31 décembre 1912.

PARIS

Henri CHARLES-LAVAUZELLE

Éditeur militaire

10, Rue Danton, Boulevard Saint-Germain, 118

—

(MÊME MAISON A LIMOGES)

BULLETIN OFFICIEL

DU MINISTÈRE DE LA GUERRE.

ÉDITION MÉTHODIQUE.

RÉSERVE ET ARMÉE TERRITORIALE

HOMMES DE TROUPE

Supplément arrêté au 31 décembre 1912.

PARIS

Henri CHARLES-LAVAUZELLE

Éditeur militaire

10, Rue Danton, Boulevard Saint-Germain, 118

(MÊME MAISON A LIMOGES)

BULLETIN OFFICIEL
DU MINISTÈRE DE LA GUERRE.

ÉDITION MÉTHODIQUE.

RÉSERVE ET ARMÉE TERRITORIALE

HOMMES DE TROUPE

Circulaire modifiant l'instruction du 20 juin 1910 relative aux hommes de troupe de la disponibilité et des réserves (Rectificatif n° 1).

(Direction de l'Infanterie; Bureau du Recrutement et de l'Administration des hommes de troupe dans leurs foyers.)

Paris, le 15 mai 1911.

La première phrase de l'article 83 de l'instruction du 20 juin 1910 est remplacée par la suivante :

« Les fascicules des hommes libérables doivent parvenir avant le 20 août au plus tard aux corps dans lesquels servent les hommes qu'ils concernent. »

Circulaire modifiant l'instruction du 20 juin 1910 relative aux hommes de troupe de la disponibilité et des réserves (Rectificatif n° 2).

(Direction de l'Infanterie; Bureau du Recrutement et de l'Administration des hommes de troupe dans leurs foyers.)

Paris, le 3 novembre 1911.

L'instruction du 20 juin 1910 est modifiée comme il suit :

Page 13.

Ajouter ce qui suit au premier alinéa de l'article 21 :

« Complété par l'article 106 de la loi de finances du 13 juillet 1911. »

Page 14.

Remplacer le sixième et le septième alinéa de l'article 21 par le suivant :

« L'expression de « père de quatre ou de six enfants vivants » s'applique à tout homme qui en a la charge, soit comme étant légalement leur père, par mariage, légitimation ou reconnaissance légale, soit comme mari d'une femme qui a, elle-même, par mariage, légitimation ou reconnaissance légale, ce nombre d'enfants ou un nombre inférieur venant compléter celui qu'il possède déjà. »

Dans la cinquième ligne du dernier alinéa de l'article 21, remplacer les mots : « de ses », par le mot : « des ».

Dans le dernier alinéa de l'article 21, entre la deuxième et la troisième phrase, intercaler le texte suivant :

« Si un ou plusieurs des enfants appartiennent à son épouse, il joint aux extraits de naissance et au certificat du maire un extrait de l'acte du mariage qu'il a contracté avec elle. »

Page 196.

Ajouter au renvoi (1) les deux alinéas suivants :

« L'article 105 de la loi de finances du 13 juillet 1911 qui complète l'article 41 de la loi de recrutement modifié les 14 avril 1908 et 11 avril 1910, prévoit la dispense de la période d'exercices de dix-sept jours en faveur des instituteurs publics des classes de 1901, 1902, 1903 et 1904, ayant accompli la période spéciale dite de *disponibilité*.

« Cette disposition s'étend à ceux des instituteurs publics de la classe de 1905 qui se trouvent dans le même cas. »

Circulaire modifiant l'instruction du 20 juin 1910 relative aux hommes de troupe de la disponibilité et des réserves (rectificatif n° 3).

(Direction de l'Infanterie et Etat-Major de l'Armée; Bureau du Recrutement et de l'Administration des hommes de troupe dans leurs foyers.)

Paris, le 13 novembre 1911.

L'instruction du 20 juin 1910 est modifiée comme il suit :

Art. 193.

Supprimer les mots suivants qui terminent le 3ᵉ alinéa : « à la même époque que les autres hommes de leur classe prenant part aux manœuvres ».

Art. 198.

Remplacer l'antépénultième alinéa par le suivant :

« Les réservistes astreints au premier appel et participant aux manœuvres d'automne doivent être convoqués, autant que possible, pour une date telle qu'ils puissent être renvoyés dans leurs foyers aussitôt après leur rentrée dans leur garnison à l'issue des manœuvres. »

Entre les articles 199 et 200, placer l'article suivant :

« *Art. 199* bis. Dans les corps de troupes des armes montées (cavalerie, artillerie de campagne, train des équipages militaires), les convocations doivent être réglées de telle sorte qu'aucun réserviste ne soit laissé dans les garnisons au moment où ces corps de troupes partent, soit pour les manœuvres d'automne, soit pour les évolutions, soit pour des camps. »

Art. 202.

Supprimer le dernier alinéa relatif au compte rendu modèle n° 66.

Art. 203.

1° Remplacer le premier alinéa par les suivants :

« Lorsque des appels doivent avoir lieu dans une place où sévit une épidémie, les dispositions suivantes sont appliquées :

« S'il s'agit d'une convocation visant la constitution d'une unité de la réserve ou de l'armée territoriale, l'appel est, en principe, reporté à une date ultérieure (voir art. 230), le lieu de convocation primitivement ou habituellement choisi devant, autant que possible, rester le même. Le changement de lieu de convocation n'est d'ailleurs prononcé, le cas échéant, que sur l'autorisation du Ministre à qui il ne doit être proposé (Etat-Major de l'Armée; Section du Service courant) que s'il est jugé absolument nécessaire et, en principe, uniquement pour des motifs d'ordre sanitaire dûment établis.

« S'il s'agit de convocations autres que celles d'unités constituées de la réserve ou de l'armée territoriale, c'est-à-dire d'appels échelonnés, d'appels par séries, d'appels supplémentaires, etc., ces convocations, en principe, ne sont pas ajournées (voir art. 230). Les réservistes et territoriaux qui doivent accomplir une période d'exercices lors de l'un de ces appels sont convoqués en temps utile et pour la même date dans une autre place de la région possédant un détachement de leur corps ou un autre corps de leur subdivision d'arme (1). »

2° Après le dernier alinéa, se terminant par les mots : « un compte rendu des dispositions qu'il a prises », ajouter les alinéas suivants :

« Quelle que soit l'épidémie, les convocations des hommes des réserves doivent être suspendues dans la place contaminée jusqu'au moment où le général commandant le corps d'armée, après avoir pris l'avis du directeur du service de santé du corps d'armée, estime qu'elles peuvent être reprises sans danger pour la santé des hommes appelés.

« Pour la méningite cérébro-spinale, ce délai n'est pas inférieur à deux mois, depuis la date d'apparition du dernier cas.

« Lorsqu'une atteinte isolée de méningite cérébro-spinale se produit dans une garnison, les convocations pour le corps de troupes intéressé sont suspendues pour une période de deux mois. Dans les garnisons comprenant plusieurs corps, ces convocations peuvent avoir lieu dans les corps de troupes indemnes, si leur casernement n'est pas commun avec celui du corps contaminé et si la méningite cérébro-spinale ne règne pas épidémiquement dans la population civile. Le casernement où la maladie s'est produite est alors rigoureusement consigné aux autres troupes et des recommandations sont faites à ces dernières pour que toute fréquentation avec les militaires du corps contaminé soit évitée.

« Le général commandant le corps d'armée rend compte au Ministre (Etat-Major de l'Armée; Section du Service courant) des dispositions qu'il a prises à ce sujet. »

Entre les articles 203 et 204, placer l'article suivant :

« Renvoi en cours de période pour épidémie.

« *Art. 203* bis. Lorsqu'une épidémie nettement caractérisée apparaît dans une place au cours d'une période d'exercices accomplie dans cette place par des hommes des réserves, il appartient au général commandant le corps d'armée intéressé de demander au Ministre (Etat-Major de l'Armée; Section du Service courant), par télégramme, l'autorisation de renvoyer immédiatement, par anticipation, ces hommes dans leurs foyers.

« Ce télégramme doit toujours faire connaître : 1° l'avis du directeur du service de santé du corps d'armée ; 2° par corps de troupes et catégorie d'appels, le nombre des hommes des réserves pour lesquels cette mesure est demandée, ainsi que les dates de leur arrivée sous les drapeaux.

« Lorsque le Ministre autorise le renvoi de ces hommes dans leurs foyers, les dispositions suivantes doivent être rigoureusement observées :

« 1° *Epidémies autres que celles de méningite cérébro-spinale.*

« Pour les épidémies autres que celles de méningite cérébro-spinale, les hommes en question doivent, avant leur libération, être soumis à un examen médical attentif.

« Ceux qui, reconnus en bon état de santé, manifestent le désir formel de rejoindre leurs foyers, sont renvoyés tout de suite.

« Ceux qui présentent des symptômes suspects doivent être maintenus en observation jusqu'à la fin de leur période. Quant aux malades, ils sont hospitalisés et traités jusqu'à guérison.

« 2° *Epidémies de méningite cérébro-spinale.*

« En cas de méningite cérébro-spinale, il appartient au directeur du service de santé du corps d'armée de faire procéder, aussitôt que possible, à l'examen bactériologique du rhino-pharynx des hommes des réserves dont le Ministre a autorisé la libération anticipée ou de provoquer (Direction du Service de Santé) les ordres nécessaires en vue de cet examen.

« Ceux qui ont été reconnus non porteurs de méningocoques, sont immédiatement renvoyés dans leurs foyers. Par contre, les porteurs sains de méningocoques sont maintenus au corps jusqu'à la date normale de leur libération et soumis à une désinfection appropriée de leur rhino-pharynx.

« A leur départ, ils sont avertis des dangers qu'ils peuvent faire courir à leur famille ou à leur entourage et doivent être signalés, d'urgence, avant leur libération, au préfet du département de leur résidence, par les soins du général commandant le corps d'armée intéressé. Toutefois, ceux qui, préoccupés des dangers de contagion, demandent à ne pas rejoindre leurs foyers, sont hospitalisés. Ils peuvent être maintenus à l'hôpital jusqu'à ce qu'il soit reconnu qu'ils ne sont plus susceptibles d'être agents de contagion.

« Pendant la période d'application de ces mesures, les hommes des réserves sont séparés de ceux de l'armée active (casernement, réfectoires, exercices distincts).

« Si une atteinte de méningite cérébro-spinale se manifeste pendant une période de convocation d'hommes des réserves dans des conditions de temps qui ne permettent pas de procéder, avant leur départ, à l'examen bactériologique de leurs sécrétions pharyngées, ces hommes ne doivent pas être maintenus au corps au delà de la date normale de leur libération.

« Cependant, ceux qui en font la demande peuvent être hospitalisés pendant le temps nécessaire à l'examen bactériologique de leur rhino-pharynx et, le cas échéant, maintenus à l'hôpital s'ils sont reconnus porteurs de méningocoques.

« Pour les hommes libérés dans les conditions qui précèdent, sans examen bactériologique, le préfet du département de leur résidence est avisé avant leur libération, par les soins du général commandant le corps d'armée intéressé, qu'ils ont pu se trouver en contact avec un malade atteint de méningite cérébro-spinale et, de ce fait, être exposés à la contagion. »

Remplacer l'article 210 par le suivant :

« Tableau des convocations et comptes rendus à fournir au Ministre au sujet des périodes d'exercices.

« *Art. 210. Tableau des convocations.* — Lorsque les gouverneurs militaires et les généraux commandant les corps d'armée ont arrêté les dispositions relatives aux convocations pour les périodes d'exercices, ils établissent le tableau des convocations de leur gouvernement militaire ou de leur corps d'armée.

« Ce tableau comprend deux parties :

« La première partie : *Relevé des convocations par corps de troupes* (modèles nᵒˢ 67, 68 et 69) indique, notamment :

« *a*) Pour chaque corps de troupes, le nombre et la date d'appel des séries et l'effectif des hommes à convoquer pour chacune d'elles ;

« *b*) Pour le corps d'armée, le total des réservistes astreints au premier appel, celui des réservistes astreints au deuxième appel, celui des territoriaux et le total général de tous les hommes des réserves ainsi convoqués ;

« *c*) Pour chaque corps ou formation de réserve ou de territoriale, le lieu dans lequel la période sera accomplie et, dans le cas où un camp d'instruction doit être utilisé, les conditions d'installation dans ce camp (dans des baraques, sous la tente, en cantonnement dans les villages, etc.).

« La deuxième partie : *Relevé des convocations par mois*, fait connaître, pour chaque mois, les appels prévus : corps de troupes, nature des appels (1ᵉʳ, 2ᵉ ou 3ᵉ), dates de convocation, effectifs convoqués. Elle indique, en outre, le total des hommes convoqués par mois et le total général pour l'année.

« Les renseignements concernant les troupes coloniales sont envoyés par les gouverneurs militaires et les généraux commandants de corps d'armée métropolitains intéressés au général commandant le corps d'armée des troupes coloniales, qui les centralise et qui établit, conformément aux indications qui précèdent, le tableau des convocations de son corps d'armée.

« En principe, la mention de tous les appels, quelle que soit leur importance et quels que soient les corps ou fractions qu'ils concernent, doit figurer dans les tableaux des convocations. Toutefois, les renseignements peuvent être donnés en bloc en ce qui concerne les appels d'hommes isolés ou de groupes de moins de dix hommes; exemple : ᵉ section de secrétaires d'état-major et du recrutement :

« 1ᵉʳ appel : du 23 mars au 27 octobre, 4 hommes (par appels échelonnés) ;

« 2ᵉ appel : du 9 juin au 31 octobre, 27 hommes (par appels échelonnés).

« Pour éviter, dans certains cas, toute possibilité d'omission ou de double emploi, il y a lieu de veiller à ce que les tableaux des convocations :

« 1° Indiquent au titre de quel corps d'armée figurent les renseignements qu'ils ne donnent pas eux-mêmes ;

« 2° Ne donnent que pour mémoire des renseignements qui figurent déjà dans les tableaux d'autres corps d'armée (par exemple : troupes des 2°, 3°, 4° et 5° corps d'armée stationnées dans le gouvernement militaire de Paris, troupes du génie; etc.).

« Les gouverneurs militaires et les généraux commandants de corps d'armée adressent, dans la deuxième quinzaine de décembre, et au plus tard pour le 1er janvier, le tableau des convocations, en cinq expéditions, au Ministre (Etat-Major de l'Armée ; Section du Service courant).

« *Comptes rendus.* — Les comptes rendus de l'emploi du temps des réservistes et territoriaux, établis par les chefs de corps, conformément aux dispositions contenues dans l'article 41 de la loi de recrutement, modifié le 14 avril 1908, sont centralisés par les gouverneurs militaires et les généraux commandant les corps d'armée.

« Ces officiers généraux les font parvenir, le 15 janvier de chaque année, au Ministre (Etat-Major de l'Armée ; Section du Service courant) avec un rapport d'ensemble sur les exercices exécutés par les réservistes et territoriaux de leur corps d'armée, sur les effectifs convoqués pour les manœuvres d'automne et ceux qui y ont pris part. »

Art. 237.

Après le dernier alinéa, ajouter les deux alinéas suivants :

« Lorsque des hommes des réserves, dont la période d'exercices a été contremandée, se présentent au corps où ils avaient été convoqués primitivement et déclarent n'avoir pas été touchés par le contre-ordre, ils doivent être maintenus sous les drapeaux et accomplir leur période dans un autre corps de la garnison, dans une autre place du corps d'armée ou dans une autre région ; en cas de nécessité absolue, ils peuvent être mis en subsistance dans un corps d'une arme autre que la leur.

« Ces prescriptions ne s'appliquent pas au cas où la période d'exercices a été contremandée pour cause d'élections. »

Page 443.

Supprimer le modèle n° 66.

Pages 445, 447 et 449.

Remplacer la désignation du format des modèles n°ˢ 67, 68 et 69 par la suivante :

« Format : 52 × 35. »

Circulaire modifiant l'instruction du 20 juin 1910 relative aux hommes de troupe de la disponibilité et des réserves. (Rectificatif n° 4.)

(Direction de l'Infanterie et Etat-Major de l'Armée; Bureau du Recrutement et de l'Administration des hommes de troupe dans leurs foyers.)

Paris, le 27 avril 1912.

L'instruction du 20 juin 1910 doit être modifiée comme il suit :

Remplacer l'article 3 par le suivant :

« *Art. 3.* Des pièces destinées aux hommes de la disponibilité ou des réserves résidant à l'étranger, les seules que les commandants des bureaux de recrutement doivent transmettre à l'administration centrale de la guerre sont les copies d'ordres de route spéciaux aux hommes des réserves.

« Ils adressent toutes les autres pièces, *directement*, aux agents diplomatiques ou consulaires de France à l'étranger pour qu'ils les fassent parvenir aux intéressés (1).

« Les copies d'ordres de route doivent être accompagnées de deux bordereaux sur lesquels les noms des destinataires sont inscrits dans l'ordre alphabétique. Le premier, destiné à être conservé à l'administration centrale de la guerre, est conforme au modèle n° 3 ; le second, destiné au ministère des affaires étrangères, ne comporte ni date, ni signature et est établi d'après le modèle n° 4.

« Suivant qu'elles concernent des hommes appartenant aux troupes métropolitaines ou des hommes appartenant aux troupes

----

« (1) Néanmoins, à l'exception des copies d'ordres de route, les pièces destinées aux hommes des réserves en résidence à l'étranger dans les pays limitrophes des frontières françaises peuvent être envoyées *directement* à ces hommes conformément aux dispositions insérées à cet égard dans la réglementation relative aux franchises et à la correspondance. »

coloniales, les copies d'ordres de route doivent être adréssées à la Direction de l'Infanterie (2° Bureau : Recrutement, administration des hommes de troupe dans leurs foyers) ou à la Direction des Troupes coloniales (Bureau de l'arme).

« Lorsque les commandants des bureaux de recrutement transmettent aux agents diplomatiques ou consulaires de France des pièces destinées aux hommes de la disponibilité ou des réserves résidant à l'étranger, ils doivent observer *strictement* les prescriptions diverses relatives à la correspondance avec ces agents et ils ont, en outre, à se conformer aux dispositions suivantes :

« 1° *Adresses*. — Les adresses des destinataires sont mentionnées de la façon *la plus exacte;* les indications figurant sur la déclaration de voyage ou de résidence envoyée par l'agent diplomatique ou consulaire y sont *toutes* reproduites, *sans exception*.

« A la suite de l'adresse est indiqué le poste diplomatique ou consulaire où a été établie la dernière déclaration de voyage ou de résidence.

« Lorsqu'il s'agit de livrets ou de fascicules de mobilisation, les adresses des destinataires sont indiquées sur une fiche modèle n° 1 fixée à chacun de ces documents au moyen des agrafes métalliques *dont les ailes doivent être parfaitement rabattues*.

« En ce qui concerne les diverses autres pièces, les adresses des destinataires sont indiquées sur une fiche modèle n° 2, épinglée dans l'angle supérieur gauche de chacune d'elles.

« 2° *Bordereau d'envoi*. — Un bordereau d'envoi modèle n° 4 *bis* doit toujours accompagner les pièces. Les noms des destinataires y sont inscrits dans l'ordre alphabétique. Les pièces sont disposées dans l'ordre indiqué par ce bordereau.

« 3° *Récépissés*. — A toutes les pièces qui ne comportent pas de procès-verbaux de remise ou d'échange est joint un récépissé portant l'indication du bureau de recrutement expéditeur. »

Page 28.

1° Dans le premier alinéa, à la huitième et à la dixième ligne, entre le mot : « les » et le mot : « bulletins », intercaler les mots suivants : « duplicata de ».

2° Dans le deuxième alinéa, entre les deux premiers mots, intercaler les mots suivants : « duplicata de ».

3° Dans le troisième alinéa, remplacer les trois premières lignes par les suivantes :

« Quant aux duplicata de bulletins n° 1 se rapportant aux individus dont le lieu de naissance est inconnu ou qui sont nés, soit à l'étranger, soit dans les colonies, ils sont adressés par les parquets au ».

4° Dans le dernier alinéa, à l'avant-dernière ligne, remplacer le mot : « bulletins » par le mot suivant : « duplicata ».

Page 29.

1° Remplacer le premier alinéa par le suivant :

« Les arrêts de réhabilitations judiciaires prononcés par les cours d'appel sont portés à la connaissance des autorités militaires par la même voie que les condamnations et sous forme d'avis. »

2° Dans le deuxième alinéa, remplacer les mots : « de les porter à la connaissance des », par les suivants : « d'en aviser les ».

3° Dans le troisième alinéa, remplacer les trois dernières lignes par les suivantes :

« parquet du lieu de naissance du condamné. Ils peuvent ainsi, à l'aide des bulletins dits n° 2 qui leur sont fournis, tenir leurs registres régulièrement à jour ».

4° Entre le troisième et le quatrième alinéa, intercaler les deux alinéas suivants :

« S'il s'agit soit d'hommes nés à l'étranger ou dans les colonies, soit d'hommes dont l'acte de naissance n'a pu être trouvé, les commandants des bureaux de recrutement s'adressent à M. le Ministre de la justice (casier central).

« En ce qui concerne les hommes inscrits à la liste matricule d'une subdivision, le soin de consulter le parquet ou, le cas échéant, M. le Ministre de la justice (casier central), incombe au commandant du bureau de recrutement d'origine, sur la demande que doit lui transmettre à cet effet le commandant du bureau de recrutement du domicile. »

5° Dans l'avant-dernier alinéa, à la cinquième ligne, entre le mot : « de » et le mot : « bulletin », intercaler les mots suivants : « duplicata de ».

Art. 69.

Dans le deuxième alinéa, à la deuxième phrase, après le mot : « titulaire », qui termine cette phrase, ajouter les mots suivants : « *en personne* ».

Art. 70.

Au deuxième alinéa, après le mot : « titulaire », qui termine cet alinéa, ajouter les mots suivants : « *en personne* ».

Page 117.

1° Ajouter, à l'alinéa commençant par les mots : « Les pièces matricules », la phrase suivante :

« Il en est de même des pièces matricules des hommes classés dans l'affectation spéciale au titre des subdivisions complémentaires territoriales des sections de chemins de fer de campagne. »

2° Dans l'alinéa commençant par les mots : « Celles des hommes », remplacer le texte de la première ligne par le suivant : « Celles des autres hommes classés dans l'affectation spéciale sont ».

Art. 167.

Dans le troisième alinéa, entre le mot : « inversement » et le mot : « sont », intercaler le texte suivant :

« Ainsi que les mutations des hommes classés dans l'affectation spéciale qui passent des subdivisions complémentaires territoriales des sections de chemins de fer de campagne à un emploi du tableau A annexé au décret d'organisation de ces sections et inversement »

Page 120.

1° Dans l'alinéa commençant par les mots : « Si l'homme est classé dans l'affectation spéciale », intercaler, entre le mot : « spéciale » et le mot : « le », le texte suivant : « à tout autre titre que celui des subdivisions complémentaires territoriales des sections de chemins de fer de campagne ».

2° Dans l'alinéa commençant par les mots : « Le commandant du bureau de recrutement administrateur », intercaler, entre le mot : « spéciale » et le mot : « la », le texte suivant : « à tout autre titre que celui des subdivisions complémentaires territoriales des sections de chemins de fer de campagne ».

3° Dans l'alinéa commençant par les mots : « Si l'homme est classé dans la non-affectation », intercaler, entre le mot : « classé » et le mot : « dans », le texte suivant : « dans l'affectation spéciale au titre des subdivisions complémentaires territoriales des sections de chemins de fer de campagne ».

Page 121.

Dans l'alinéa commençant par : « En même temps », remplacer les mots : « lui renvoie les pièces matricules de l'homme de l'affectation spéciale replacé dans le droit commun », par le texte suivant : « lui renvoie les pièces matricules de l'homme qui, ayant été classé dans l'affectation spéciale à tout autre titre que celui des subdivisions complémentaires territoriales des sections de chemins de fer de campagne, se trouve replacé dans le droit commun ».

Page 122.

Paragraphe d), à la fin du premier alinéa, après les mots : « bulletin d'avis de mutation modèle n° 60 », ajouter un renvoi : « (1) ».

Au bas de la page, placer le texte suivant :

« (1) Il en est de même en ce qui concerne les hommes passant des subdivisions complémentaires territoriales des sections de chemins de fer de campagne à l'un des emplois du tableau A annexé au décret d'organisation de ces sections et inversement. »

Page 123.

1° A la dixième ligne, entre le mot : « fonctionnaire » et le mot : « pour », intercaler un renvoi : « (1) ».

2° Au bas de la page, placer le texte suivant ·

« (1) Sur les procès-verbaux d'échange des fascicules du personnel des grandes compagnies de chemins de fer, le timbre du secrétariat de ces compagnies tient lieu de la signature du fonctionnaire administrateur. »

Page 130.

Dans le dernier alinéa : 1° entre la quatrième et la cinquième ligne, intercaler le texte suivant : « à tout autre titre que celui des subdivisions complémentaires territoriales des sections de chemins de fer de campagne » ;

2° Entre la cinquième et la sixième ligne, intercaler le texte suivant : « dans l'affectation spéciale au titre des subdivisions complémentaires territoriales des sections de chemins de fer de campagne ».

Page 131.

Dans le deuxième alinéa, remplacer le texte de la quatrième et de la cinquième ligne par le suivant : « agents de ces sections énumérés au tableau A annexé au décret portant organisation des sections de chemins de fer de campagne, doivent être conservés au bureau de recrutement administrateur. »

Page 147.

Deuxième colonne, à la fin du premier alinéa, après les mots : « général commandant le corps d'armée », ajouter un renvoi : « (F) ».

Quatrième colonne : 1° remplacer le texte du renvoi (E) par le suivant :

« (E) Pour le gouvernement militaire de Paris, le représentant de l'administration des travaux publics est le directeur du personnel de ce ministère; pour la Tunisie, le directeur général des travaux publics. »

2° Après le texte du renvoi (E), placer l'alinéa suivant :

« (F) En Tunisie, le secrétaire général du gouvernement tunisien. »

Page 149.

Deuxième colonne : 1° remplacer la première phrase du premier alinéa par la suivante :

« Le directeur, en France et en Algérie; le directeur général des finances, en Tunisie. »

2° Entre la première et la deuxième phrase du quatrième alinéa, intercaler la suivante : « le directeur des eaux et forêts en Tunisie. »

Page 151.

Deuxième colonne, à la fin du deuxième alinéa, après les mots : « (affectation spéciale et non-affectation. Postes) », ajouter un renvoi : « (G) ».

Quatrième colonne, placer le texte suivant :

« (G) En Tunisie, le directeur de l'office des postes et des télégraphes pour le personnel français qui relève de cet office. »

Page 156.

Deuxième colonne, remplacer les mots : « En Tunisie, le directeur des finances », par le texte suivant : « En Tunisie, le directeur général des finances ».

— 17 —

Page 157.

Première colonne : 1° Après le premier alinéa, placer l'alinéa suivant :

« * Receveurs des contributions diverses proprement dits de la Tunisie (1). »

2° Au-dessous du titre : « Administration des manufactures de l'Etat (tabacs) », placer, également en titre, les mots suivants : « Monopoles en Tunisie (tabacs) ».

Deuxième colonne, ajouter au premier alinéa le texte suivant : « En Tunisie, le directeur général des finances ».

Troisième colonne, ajouter au premier alinéa le texte suivant : « En Tunisie, le commandant du bureau de recrutement de Tunis ».

Au bas de la page, placer le texte suivant :

« (1) Ces fonctionnaires sont assimilés aux receveurs particuliers des contributions indirectes de la métropole. »

Page 158.

Deuxième colonne, après les mots : « les directeurs des succursales en Algérie », ajouter les suivants : « et en Tunisie ».

Troisième colonne, après les mots : « le commandant de recrutement du département », ajouter le texte suivant : « En Tunisie, le commandant du bureau de recrutement de Tunis ».

Page 160.

Première colonne, entre la mention : « Gardes champêtres » et le titre : « Services spéciaux de la ville de Paris », intercaler les deux mentions suivantes : « * Inspecteurs de la sûreté en Tunisie (1) ;

« * Agents de police en Tunisie (2) ».

Deuxième colonne, ajouter au premier alinéa le texte suivant : « En Tunisie, le directeur de la sûreté publique ».

Troisième colonne, ajouter au premier alinéa le texte suivant : « En Tunisie, le commandant du bureau de recrutement de Tunis ».

Au bas de la page, placer le texte suivant :

« (1) Ces fonctionnaires sont assimilés aux commissaires de police de la métropole.

« (2) Ces agents sont assimilés aux sergents de ville ou gardiens de la paix de la métropole. »

Page 162.

Deuxième colonne, aux mots : « directeur du personnel au ministère des affaires étrangères », placés en regard de la mention : « Contrôleurs civils et contrôleurs civils suppléants de la Tunisie », inscrite dans la première colonne, substituer le texte suivant : « Le délégué à la résidence générale de France à Tunis ».

Page 165.

Première colonne, entre la mention : « receveurs (1) (administration de l'enregistrement, des domaines et du timbre) » et le titre : « Administration des douanes », intercaler la mention suivante : « Receveurs de l'enregistrement et des contributions diverses en Tunisie (3) ».

Deuxième colonne : 1° A l'alinéa placé en regard de la mention : « sous-inspecteurs », inscrite dans la première colonne, ajouter le texte suivant : « En Tunisie, le directeur général des finances ».

2° A l'alinéa placé en regard de la mention : « Receveurs (administration des douanes) », inscrite dans la première colonne, ajouter le texte suivant : « En Tunisie, le directeur des douanes ».

Troisième colonne, à l'alinéa placé en regard de la mention : « sous-inspecteurs », inscrite dans la première colonne, ajouter le texte suivant : « En Tunisie, le commandant du bureau de recrutement de Tunis ».

Au bas de la page, placer le texte suivant :

« (3) Ces fonctionnaires sont assimilés aux receveurs de l'enregistrement, des domaines et du timbre de la métropole. »

Page 166.

Première colonne, supprimer le renvoi : « (3) », placé à la suite de la mention : « Directeurs des maisons centrales, des pénitenciers agricoles, des circonscriptions pénitentiaires et des prisons annexes de l'Algérie. »

Deuxième colonne : 1° Remplacer la dernière phrase du premier alinéa par la suivante : « En Tunisie, le directeur général des finances. »

2° Aux mots : « le directeur des finances en Tunisie », placés en regard de la mention : « Contrôleurs et collecteurs en Tunisie (2) », inscrite dans la première colonne, substituer le texte suivant : « le directeur général des finances en Tunisie ».

3° Après les mots : « le fonctionnaire accrédité par le préfet auprès du général commandant le corps d'armée », ajouter le texte suivant : « En Tunisie, le directeur des services péniten-tiaires ».

Troisième colonne, après les mots : « recrutement du chef-lieu de région », placés en regard de la mention : « Le fonction-naire accrédité par le préfet auprès du général commandant le corps d'armée », inscrite dans la deuxième colonne, ajouter le texte suivant : « En Tunisie, le commandant du bureau de recru-tement de Tunis ».

Page 167.

Entre le titre : « Appels du temps de paix » et le titre de l'ar-ticle 190, intercaler le texte suivant :

« OBSERVATION GÉNÉRALE.

« Les règles qui sont exposées dans le présent chapitre et qui ont trait à la détermination des dates des périodes d'exercices, aux procédés à employer pour informer les hommes des réserves, au mode de convocation, aux con-ditions dans lesquelles s'effectuent les périodes d'exer-cices, etc., ont pour but de concilier, dans la plus large mesure, les intérêts des hommes soumis aux appels et les nécessités d'ordre militaire ; elles visent les convocations qui ont lieu annuellement dans les conditions définies à l'article 191.

» Mais, par suite de circonstances spéciales, des convo-cations peuvent être prescrites dans des délais très courts ou dans des conditions différentes de celles qui sont défi-nies à l'article 191 ; dans ce cas, les dispositions prises en vue de donner aux hommes des réserves les plus grandes facilités pour l'accomplissement de leurs périodes, ne sont applicables que dans la mesure où elles sont compatibles avec les nécessités d'ordre militaire. »

Page 181.

Dans l'alinéa numéroté 2°, remplacer les deux premières li-gnes par les suivantes :

« 2° Pour que les hommes des réserves qui auraient rejoint leur corps soient, à l'exception de ceux qui tombent sous le coup des prescriptions de l'article 249 de la présente instruction, renvoyés dans leurs foyers suffisamment à... ».

Remplacer l'article 205 par le suivant :

« Convocation des membres de l'enseignement public (4). »

« *Art. 205.* En raison de la nécessité qui s'impose de concilier, autant que possible, les intérêts scolaires avec les exigences militaires résultant de l'application des prescriptions contenues dans l'article 41 de la loi de recrutement, modifié le 14 avril 1908, les dispositions ci-après sont prises à l'égard des membres de l'enseignement public.

« Ceux d'entre eux qui ont à accomplir une ou plusieurs périodes d'exercices sont *pris en domicile* dans la localité où se trouve l'établissement auquel ils sont attachés.

« Tous les membres de l'enseignement public, *sans aucune exception*, qui n'appartiennent pas aux corps territoriaux d'infanterie, accomplissent leurs périodes d'exercices pendant les vacances scolaires d'août-septembre. Parmi eux, les instituteurs effectuent ces périodes *entre le 15 août et le 25 septembre.*

« L'application des dispositions contenues dans le précédent alinéa ne soulève aucune difficulté en ce qui concerne les membres de l'enseignement public astreints au premier appel.

« Elle n'en soulève pas non plus en ce qui concerne ceux des membres de l'enseignement public astreints au deuxième appel qui ne sont pas affectés aux régiments subdivisionnaires d'infanterie, aux bataillons de chasseurs à pied ou aux régiments de zouaves.

« Quant aux membres de l'enseignement public astreints au

« (4) Par membres de l'enseignement public, il faut entendre tous les fonctionnaires qui constituent *le cadre* des établissements de l'enseignement public, et y participent à l'enseignement, à l'administration, à la surveillance ou à la gestion économique, quel que soit le ministère dont relèvent ces établissements.

« En ce qui concerne le personnel de l'enseignement secondaire, les professeurs d'éducation physique, de gymnastique, de dessin, de musique, appartiennent à ce cadre. Seuls les professeurs d'escrime, simplement agréés, n'en font pas partie.

« Quant au personnel chargé, dans les écoles normales primaires supérieures, des enseignements accessoires précités, il n'exerce qu'en vertu d'une délégation provisoire et n'est pas compris dans le cadre normal de ces établissements. »

deuxième appel et appartenant à ces corps, ils accomplissent
leur période d'exercices dans le corps actif correspondant à leur
corps d'affectation.

« Lorsque le délai compris entre le commencement des vacances scolaires et le départ des corps de troupes pour les manœuvres d'automne est supérieur à vingt jours, les membres de
l'enseignement public astreints au deuxième appel, quelle que
soit l'arme à laquelle ils appartiennent, accomplissent leur période d'exercices au cours de ce délai. Lorsque ce délai est inférieur à vingt jours, ils effectuent cette période pendant les manœuvres d'automne.

« Les prescriptions du troisième alinéa du présent article ne
s'étendant pas aux membres de l'enseignement public qui appartiennent aux corps territoriaux d'infanterie, leur application, en
ce qui concerne le troisième appel, ne présente pas non plus de
difficulté.

« Les membres de l'enseignement public qui sont territoriaux
dans l'infanterie accomplissent leur période d'exercices dans
leur corps territorial, quelle que soit l'époque de convocation de
ce corps. Mais lorsque l'appel a lieu par bataillon dans les régiments, par compagnie dans les bataillons de chasseurs à pied
et de zouaves et qu'un de ces bataillons ou une de ces compagnies est appelé pendant les vacances scolaires d'août-septembre,
les membres de l'enseignement public intéressés doivent être
convoqués dans ce bataillon ou cette compagnie.

« Afin de permettre aux diverses administrations comprenant
des membres de l'enseignement public de prendre, en temps
utile, les mesures nécessaires en vue d'éviter toute interruption
dans le fonctionnement du service scolaire, les gouverneurs militaires et les généraux commandant les corps d'armée fournis-
sent, chaque année, au mois de janvier, sur leur demande, aux
autorités académiques et départementales, la liste des membres
de l'enseignement public appelés, au cours de l'année, à accomplir, comme hommes de troupe d'infanterie de l'armée territoriale, une période d'exercices avec l'indication de l'époque pré-
cise de la période (1). »

___

« (1) Afin que l'exécution des dispositions contenues dans le présent
article puisse être assurée, un contrôle modèle n° 70 des membres de
l'enseignement public appartenant à la réserve de l'armée active ou à
l'armée territoriale est tenu au bureau de recrutement de leur domicile.
« Ce contrôle est un extrait de celui que les autorités académiques et

Art. 219.

Ajouter, au deuxième alinéa, les mots suivants : « et en résidence dans la commune ».

Page 201.

Dans le renvoi (1), remplacer le premier alinéa par le suivant :

« Toute impossibilité d'ordre matériel ou moral, tout préjudice grave
et dûment justifié, notamment celui qui provient de calamités exceptionnelles telles qu'inondations, incendies, pertes de bétail ou de récoltes,
chômages prolongés d'ouvriers, doivent être considérés comme rentrant
dans le cas de force majeure prévu par la loi. »

Page 207.

1° Dans l'article 233, supprimer les trois premiers mots : « les
réservistes et », ainsi que le renvoi « (2) », placé à la fin du
premier alinéa.

2° Au bas de la page, supprimer le texte du renvoi (2).

Page 208.

1° Dans l'article 235, au troisième alinéa, ajouter un renvoi :
« (3) ».

2° Au bas de la page, placer le texte suivant :

« (3) Dans le cas de force majeure tel qu'il est défini au renvoi (1) de
la page 201, toute demande de changement de série doit être accueillie. »

Art. 240.

Dans le quatrième alinéa, à la troisième ligne, entre le mot :
« officiers » et le mot : « embarqués », intercaler les mots suivants : « et des officiers mariniers ».

Art. 264.

1° Supprimer le cinquième et le sixième alinéa et les remplacer par les alinéas suivants :

« L'officier supérieur de l'armée active, directeur d'un exercice de garde de voies de communication ou de garde de points

---

départementales ont fourni aux gouverneurs militaires et aux généraux
commandant les corps d'armée.
« Un relevé de l'état annuel des mutations adressé par les mêmes autorités à ces officiers généraux est envoyé aux commandants des bureaux
de recrutement intéressés, en vue de la tenue à jour du contrôle. »

importants du littoral a les pouvoirs d'un chef de corps en matière de punitions. Il a la faculté de maintenir au corps de troupes le plus voisin, à l'expiration de l'exercice, les hommes punis de prison ou d'arrêts de rigueur.

« Le commandant de l'ensemble du service de garde des voies de communication d'une subdivision a les prérogatives d'un chef de détachement. Les chefs d'une section de voies de communication ou de points importants du littoral ont les pouvoirs d'un chef d'unité, et les chefs de groupe sont assimilés à des chefs de détachement investis par délégation du droit d'infliger quatre jours de prison.

« L'officier supérieur directeur de l'exercice, ou, à son défaut, le commandant de l'ensemble du service, prend les dispositions nécessaires pour que tout homme puni de prison ou d'arrêts de rigueur soit conduit par la gendarmerie, à l'expiration de sa période, au corps de troupes le plus voisin, en vue d'y achever sa punition.

« Les hommes punis de prison ou d'arrêts de rigueur, pendant leur période, ne peuvent, après leur rentrée dans leurs foyers, être rappelés au corps pour y subir leur punition. »

2° Dans le dernier alinéa, à la quatrième ligne, entre le mot : « prison » et le mot : « qui », intercaler les mots suivants : « ou d'arrêts de rigueur ».

Remplacer les modèles n° 3 et n° 4 par les modèles ci-après :

MODÈLE N° 3.

—

Art. 3 de l'instruction
ministérielle
du 20 juin 1910.

Format : 31 × 20.

BUREAU DE RECRUTEMENT D

*BORDEREAU d'envoi de copies d'ordres de route et de notifications (1) destinées à des hommes des réserves en résidence irrégulière à l'étranger et adressées à M. le Ministre de la guerre (Direction de   , * Bureau :   ).*

CLASSE de recrutement.	NOM ET PRÉNOMS.	ADRESSE A L'ÉTRANGER.	OBSERVATIONS.

A   , le   19 .

Le Commandant du bureau de recrutement,

---

(1) Notifications annexées aux copies d'ordres de route par application de l'article 4 de l'instruction du 20 juin 1910.

MINISTÈRE
DE LA GUERRE

DIRECTION

d (1)

* BUREAU (1).

Pièce annexée à la lettre
.du (1)   19 .
      N°

MODÈLE N° 4.

Art. 3 de l'instruction
ministérielle
du 20 juin 1910.

Format : 31×20.

BUREAU DE RECRUTEMENT D

BORDEREAU d'envoi de copies d'ordres de route et de notifications (2) destinées à des hommes des réserves en résidence irrégulière à l'étranger.

CLASSE de recrutement.	NOM ET PRÉNOMS.	ADRESSE A L'ÉTRANGER.	OBSERVATIONS.

(1) A remplir par l'administration centrale.
(2) Notifications annexées aux copies d'ordres de route par application de l'article 4 de l'instruction du 20 juin 1910.

Entre le modèle n° 4 et le modèle n° 5, intercaler le modèle ci-après :

MODÈLE n° 4 *bis.*

Art. 3 de l'instruction
ministérielle
du 20 juin 1910.

Format : 31×20.

BUREAU DE RECRUTEMENT D

BORDEREAU d'envoi de pièces adressées (1)
de France à (2)   pour être remises à des
hommes de la disponibilité ou des réserves en résidence dans
la circonscription de ce poste.

CLASSE de recrutement.	NOM ET PRÉNOMS.	NATURE DES PIÈCES.	ADRESSE A L'ÉTRANGER.	INDICATION du poste diplomatique ou consulaire où a été établie la dernière déclaration.	OBSERVA-TIONS.

A   , le   19 .

Le Commandant du bureau de recrutement,

(1) A l'ambassade, à la légation, au consulat général, au consulat, au vice-consulat.
(2) Localité.

Modèle n° 53.

Dans la colonne 9, supprimer le chiffre : « 1 », placé en regard de : « Durand » et de : « Fleury ».

Dans la colonne 8 : 1° en regard de chacun de ces deux noms, placer le texte suivant : « 2° section de chemins de fer de campagne, subdivisions complémentaires territoriales ».

2° Au-dessous de la mention : « 2° section de chemins de fer de campagne », placée en regard de : « Dupont », ajouter ce qui suit : « n° 275 ».

Modèle n° 54.

Dans la colonne 9, supprimer le chiffre : « 1 », placé en regard de : « Lefèvre », de : « Laurent » et de : « Fourreau ».

Dans la colonne 8, en regard de chacun de ces trois noms, placer le texte suivant : « 2° section de chemins de fer de campagne, subdivisions complémentaires territoriales ».

Dans le texte du renvoi (2), entre les mots : « spéciale » et : « ajouter », intercaler ce qui suit : « à tout autre titre que celui des subdivisions complémentaires territoriales des sections de chemins de fer de campagne ».

Modèle n° 55.

Dans le texte du renvoi (2), entre les mots : « spéciale » et : « ajouter », intercaler ce qui suit :

« qui avaient été classés dans cette position à tout autre titre que celui des subdivisions complémentaires territoriales des sections de chemins de fer de campagne. »

Modèle n° 56.

Dans la colonne 22, supprimer le chiffre : « 1 », placé en regard de : « Durand ».

Dans la colonne 15, en regard de ce nom, placer le chiffre : « 1 ».

Modèle n° 57.

Remplacer le titre par le suivant :

« *Bulletin d'inscription sur le contrôle des affectés spéciaux, non-affectés et non-disponibles d'un homme de la subdivision d   employé permanent de l'administration d   .   et comptant six mois de fonctions à la date de ce jour.* »

Supprimer les deux colonnes respectivement intitulées : « Recensement. Canton » et : « Recensement. Numéro ».

Ajouter trois colonnes respectivement intitulées : « Affectation
spéciale », « Non-affecté », « Non-disponible ».

Au bas du modèle, à gauche, placer le texte suivant :

« Nota. — Si l'intéressé est non-affecté ou non-disponible, l'indiquer
en portant le chiffre 1 dans la huitième ou la neuvième colonne, suivant
le cas. »

Modèle n° 58.

Remplacer le titre par le suivant :

« *Bulletin de radiation du contrôle des affectés spéciaux, non-
affectés et non-disponibles pour le bureau de recrutement
d   . »*

Modèle n° 59.

Au-dessous du titre : « Récépissé d'avis de mutation d'un
homme   », placer les mots suivants : « adressé le ».

Modèle n° 60.

Ajouter, au texte du renvoi (1), la phrase suivante :

« Lorsqu'il s'agit du passage des subdivisions complémentaires territoriales à un emploi énuméré au tableau A annexé au décret sur l'organisation des sections de chemins de fer de campagne et inversement,
placer, dans le titre, après « affectés spéciaux », les mots « qui passe »
et ajouter ensuite, suivant le cas, « des subdivisions complémentaires
territoriales dans le personnel énuméré au tableau A annexé au décret
sur l'organisation des sections de chemins de fer de campagne », ou
« du personnel énuméré au tableau A annexé au décret sur l'organisation des sections de chemins de fer de campagne, aux subdivisions
complémentaires territoriales de ces sections. »

Circulaire modifiant l'instruction du 20 juin 1910 relative aux hommes de troupe de la disponibilité et des réserves (rectificatif n° 5).

(Direction de l'Infanterie, Etat-Major de l'Armée et direction du Génie; Bureau du recrutement et de l'Administration des hommes de troupe dans leurs foyers.)

Paris, le 7 juin 1912.

L'instruction du 20 juin 1910 doit être modifiée comme il suit :

Art. 36. Après le dernier alinéa, qui se termine par les mots « chef de peloton de cavalerie », ajouter l'alinéa suivant :

« Sont affectés d'office aux troupes d'aéronautique les hommes des réserves pourvus du brevet d'aviateur militaire. »

Circulaire modifiant l'instruction du 20 juin 1910 relative aux hommes de troupe de la disponibilité et des réserves (rectificatif n° 6).

(Direction de l'Infanterie et Etat-Major de l'Armée; Bureau du Recrutement et de l'Administration des hommes de troupe dans leurs foyers.)

Paris, le 21 septembre 1912.

L'instruction du 20 juin 1910 doit être modifiée comme il suit :

Art. 37.

Après le dernier alinéa, ajouter l'alinéa suivant :

« Les hommes des réserves affectés aux bataillons d'infanterie légère d'Afrique en raison des condamnations qu'ils ont encourues, n'y sont pas maintenus s'ils viennent à être réhabilités. Ils sont alors placés, suivant les règles ordinaires, dans des corps de troupes de leur arme d'origine. »

Art. 38.

Remplacer l'antépénultième alinéa par le suivant :

« En conséquence, lorsque ces officiers supérieurs procèdent à la revision de leurs registres matricules, ils examinent si les hommes qui ont subi des condamnations ne paraissent pas avoir acquis la réhabilitation de droit par application des dispositions de l'article 10 de la loi précitée [B. O., É. M., « Justice militaire » (Réhabilitation)]. Chaque fois que l'un d'entre eux leur semble se trouver dans les conditions prévues audit article, ils doivent consulter à ce sujet le parquet du lieu de naissance de ce condamné. Ils peuvent ainsi, à l'aide des bulletins dits n° 2, qui leur sont fournis, tenir leurs registres régulièrement à jour. »

Page 153.

Dans la première colonne, après le dernier alinéa qui se termine par les mots « Totalité du personnel (3) », ajouter l'alinéa suivant :

« *Pour toutes les lignes.* — Agents provenant du 5e régiment du génie, quel que soit leur emploi dans les chemins de fer, jusqu'au moment de leur passage dans l'armée territoriale (1). »

Page 180.

Remplacer les deux premières lignes par le texte suivant :

« prononcé sans l'autorisation préalable du Ministre, sauf dans le cas prévu au dernier alinéa de l'article 202. »

Art. 202.

Remplacer tout ce qui suit le quatrième alinéa se terminant par les mots « *dès qu'ils ont revêtu de leur signature l'arrêté de convocation* », par le texte suivant :

« De leur côté, les gouverneurs militaires ou commandants de corps d'armée prennent soin de porter à la connaissance des préfets, aussi longtemps que possible à l'avance, les dates auxquelles doivent s'ouvrir les différentes périodes d'exercices.

« Quand, malgré ces précautions et malgré l'entente préalable entre l'administration préfectorale et l'autorité militaire, la date d'une élection a dû être fixée au moment d'une période d'exercices, il appartient à l'homme des réserves convoqué pour cette période et ayant à prendre part au scrutin, de remettre son ordre d'appel, contre récépissé, au maire de la commune où il est électeur. Celui-ci, après s'être assuré que l'intéressé est inscrit sur les listes électorales, transmet l'ordre d'appel au commandant du bureau de recrutement qui l'a établi, en lui faisant connaître la nature et les dates (premier tour et scrutin de ballottage) de l'élection et en certifiant que celui auquel était destiné le document renvoyé est électeur dans sa commune. Le commandant du bureau de recrutement prévient l'homme qu'il recevra ultérieurement un nouvel ordre d'appel et rend compte de ce contre-ordre au chef de corps ou de service intéressé.

« Si, pour un même corps, le nombre des hommes des réserves qui, du fait d'une élection, ne répondront pas à une convocation, est assez élevé pour que les avantages militaires de la convocation en soient notablement réduits, le commandant de corps d'armée, sur la proposition du chef de corps, modifie la date de la période d'exercices.

« Dans le cas du maintien de la période par l'autorité militaire, les hommes des réserves qui, ayant négligé de se conformer aux dispositions indiquées plus haut, se présentent à leur corps au jour fixé par leur ordre d'appel et justifient de leur qualité d'électeur dans une commune siège de l'élection, sont renvoyés immédiatement dans leurs foyers et convoqués ultérieurement pour accomplir intégralement leur période.

« Si, par suite de circonstances exceptionnelles, la date d'une élection n'a pu être fixée que postérieurement au début de la période d'exercices, les hommes des réserves ayant à y prendre part sont, à l'exception de ceux qui tombent sous le coup des prescriptions de l'article 249 de la présente instruction, libérés par anticipation, la veille du scrutin, sur le vu d'un certificat du maire de leur commune analogue à celui dont il a été question plus haut, et leur période est considérée comme accomplie. »

Page 189.

Remplacer le texte de l'article 209 par le suivant :

« *Art*. 209. Les hommes des réserves exerçant les professions de tailleur ou de cordonnier sont soumis aux mêmes règles de convocation que les autres hommes de leur classe. Il est, par suite, interdit, même dans les corps où ont lieu des appels échelonnés, de les convoquer en groupes spéciaux en vue de les employer dans les ateliers du corps.

« Lors de leur convocation, ils suivent le sort de leur unité et doivent, avec elle, assister à tous les exercices dans les garnisons, aller aux manœuvres et dans les camps d'instruction. Leur emploi dans les ateliers ne peut donc être que tout à fait exceptionnel et ne doit, en aucun cas, les empêcher de prendre part à toute l'instruction de leur unité. »

Art. 212.

Remplacer les alinéas numérotés 6° et 7° par les suivants :

« 6° Le résumé des dispositions des quatre derniers alinéas de l'article 202;

« 7° Les dispositions de l'article 234, celles des 8° et 9° alinéas de l'article 235 et celles des 1er, 2° et 8° alinéas de l'article 236; »

Art. 215.

1° Entre le 3° et le 4° alinéa, intercaler l'alinéa suivant :

« L'indication des heures sur les ordres d'appel doit être portée suivant la notation de 0 à 24. »

2° Dans le paragraphe numéroté 1°, remplacer le texte qui indique les heures d'arrivée au corps par le suivant :

« 1er jour : 8 heures pour les trajets de 0 à 12 kilomètres; 10 heures pour les trajets de 12 à 20 kilomètres; 12 heures pour les trajets de 20 à 24 kilomètres.

« 2° jour : 8 heures pour les trajets de 24 à 36 kilomètres; 10 heures pour les trajets de 36 à 44 kilomètres; 12 heures pour les trajets de 44 à 48 kilomètres. »

3° Dans le paragraphe numéroté 2°, remplacer les alinéas a) et b) par les suivants :

« a) Des trains entre 8 heures et 12 heures, les hommes ayant à effectuer à pied, pour se rendre de leur domicile (ou de leur résidence déclarée) à la gare de départ, un trajet compris entre 8 kilomètres et 20 kilomètres;

« b) Des trains entre 12 heures et 18 heures, les hommes pour lesquels ce trajet est compris entre 20 et 24 kilomètres; »

Art. 244.

1° Remplacer le 2° alinéa par le texte suivant :

« Les hommes reconnus momentanément incapables d'accomplir leur service sont classés en deux catégories :

« 1° Ceux dont l'indisponibilité paraît devoir être de courte durée;

« 2° Ceux dont la guérison semble demander plus de sept jours.

« Les premiers sont mis en observation, puis rendus à leur unité pour y terminer leur période, dès que leur état de santé le permet. Si toutefois, le huitième jour, ils ne sont pas jugés aptes à faire leur service, ils sont libérés aussitôt, leur période étant considérée comme accomplie.

« Les. autres sont immédiatement renvoyés dans leurs foyers et doivent être convoqués ultérieurement pour accomplir leur période. »

2° Remplacer les quatre dernières lignes par les suivantes : « d'accomplir leur service sont traités comme il est dit dans les 2e, 3e, 4e, 5e et 6e alinéas du présent article. Ceux qui sont appelés à changer d'arme sont dirigés, sans retard, sur leur nouveau corps d'affectation. »

Art. 257.

Entre le 1er et le 2e alinéa, intercaler l'alinéa suivant :

« L'indication des heures sur les ordres d'appel doit être portée suivant la notation de 0 à 24. »

Art. 260.

Remplacer le 2e alinéa par le suivant :

« Sont également dispensés de la revue tous les hommes de la réserve de l'armée territoriale affectés à la garde des voies de communication et des points importants du littoral. »

Art. 264.

1° Remplacer le 2e alinéa par le suivant :

« Les hommes sont convoqués par ordres d'appel individuels. L'indication des heures sur les ordres d'appel doit être portée suivant la notation de 0 à 24. Les hommes rejoignent directement le point où ils doivent être réunis. »

2° Remplacer le 4e alinéa par le suivant :

« Comme les hommes qui prennent part à un exercice de garde des voies de communication ou des points importants du littoral sont dispensés de la revue d'appel (voir art. 260), le directeur de l'exercice envoie, à chaque commandant de bureau de recrutement intéressé, la liste des hommes ayant répondu à la convocation et, au sujet de chacun de ces hommes, tous les renseignements qui auraient été donnés sur son compte s'il avait assisté à la revue d'appel, aussi bien en ce qui concerne la vérification de son livret individuel qu'en ce qui a trait à son aptitude physique et à sa connaissance des obligations qu'il aurait à remplir en cas de mobilisation. »

Circulaire modifiant l'instruction du 20 juin 1910, relative aux hommes de troupe de la disponibilité et des réserves (rectificatif n° 7).

(Direction de l'Infanterie et État-Major de l'Armée; Bureau du Recrutement et de l'Administration des hommes de troupe dans leurs foyers.)

Paris, le 23 décembre 1912.

L'instruction du 20 juin 1910 doit être modifiée comme il suit :

Remplacer l'article 49 par le suivant :

« Art. 49. Chaque année, dans la première quinzaine de janvier, toutes les listes tenues dans une brigade de gendarmerie sont soumises au contrôle du commandant du bureau de recrutement, qui en effectue la vérification et certifie cette opération en apposant son visa à l'intérieur de la couverture qui contient les listes.

« Cet officier supérieur profite de cette vérification pour examiner, d'après les résultats des enquêtes de la gendarmerie prévues à l'article 119, la situation des hommes en état de résidence prolongée hors de leur domicile et pour prononcer, s'il y a lieu, des changements de domicile. »

Page 70.

Au texte du renvoi 1, ajouter l'alinéa suivant :

« En ce qui concerne les élèves de ces deux écoles domiciliés en dehors du département de la Seine, les commandants des bureaux de recrutement adressent les livrets à leurs collègues de la Seine respectivement chargés d'administrer chacun de ces élèves. Les commandants des bureaux de recrutement de la Seine inscrivent ces jeunes gens sur le contrôle modèle n° 48, font connaître le numéro d'inscription à ce contrôle aux commandants des bureaux de recrutement des domiciles et, après avoir inséré, dans les fascicules de mobilisation, les ordres de route complémentaires modèle n° 36, ils font parvenir les livrets au secrétariat militaire de l'école. »

Art. 108.

Ajouter le deuxième alinéa suivant :

« Le nota de l'article 191 de la présente instruction fixe les conditions de la dispense des périodes d'exercices. »

Remplacer l'article 119 par le suivant :

« Art. 119. Les commandants des bureaux de recrutement ne doivent pas perdre de vue qu'il y a grand intérêt à ce que les hommes des réserves soient pris en domicile dans la subdivision où ils sont réellement établis, car, s'il en est autrement, ceux-ci peuvent avoir à se rendre, au moment des périodes d'exercices, dans des garnisons fort éloignées, ce qui est une cause de dépense pour l'Etat, et, en cas de mobilisation, à effectuer de longs trajets pour rejoindre leur corps d'affectation, ce qui ne fait que retarder et compliquer les opérations de la mobilisation.

« Aussi, chaque année, dans la première quinzaine de décembre, ces officiers supérieurs rappellent aux commandants des brigades de gendarmerie stationnées dans leur subdivision qu'ils ont à procéder aux enquêtes nécessaires dans le but de signaler les hommes dont la résidence prolongée dans une localité prendrait, en raison de circonstances particulières, telles que mariage, établissement durable, etc., le caractère d'une véritable élection de domicile.

« Les commandants des bureaux de recrutement invitent, en même temps, les commandants de ces brigades à se mettre en mesure de leur communiquer les résultats de ces enquêtes au moment de la vérification dont il est question à l'article 49. A la suite de cette vérification, ces officiers supérieurs effectuent les changements de domicile, s'il y a lieu.

« Au cours de leurs inspections, les généraux commandant les subdivisions se font présenter certaines des listes modèle n° 16 et s'assurent de l'exécution des prescriptions contenues dans le présent article. »

Art. 166.

Après le 4ᵉ alinéa se terminant par les mots « et celui pendant lequel ils ont été sous les drapeaux », placer l'alinéa suivant :

« L'homme qui, ayant cessé de remplir ses fonctions par suite de démission, de révocation ou de toute autre cause, vient à être réintégré dans sa situation antérieure, est admis à compter, pour les six mois exigés, le temps qu'il a passé en fonctions avant cette interruption. »

Page 140.

Remplacer le 2ᵉ alinéa par le suivant :

« Les propositions sont faites au général commandant la région par les directeurs des services régionaux de l'artillerie, du génie, de l'intendance, des poudres et salpêtres ou du service de santé, pour les établissements dont le bon fonctionnement intéresse lesdits services. »

Page 165, déjà modifiée par la circulaire du 27 avril 1912.

1° Tableau C, dans la première colonne, remplacer la partie de tableau suivante :

| « Sous-inspecteurs... | » |

par la partie de tableau ci-après :

| « Inspecteurs adjoints (4)..................................... | » |

2° Au bas de la page, placer le texte suivant :

« (4) Cette dénomination a remplacé celle de sous-inspecteurs. »

Art. 191.

Après le dernier alinéa, ajouter l'alinéa suivant :

« NOTA. — Par application des dispositions de l'article 41 de la loi de recrutement, modifié le 14 avril 1908, et, par décision spéciale du Ministre, les hommes du service auxiliaire sont dispensés d'accomplir les trois périodes d'exercices de vingt-trois jours, de dix-sept jours et de neuf jours, sous la réserve qu'ils répondront à une revue d'appel au cours de leur cinquième année de service dans la réserve de l'armée active. »

Article 210, déjà modifié par la circulaire du 13 novembre 1911.

Remplacer le 15° alinéa commençant par les mots : « Les gouverneurs militaires et les généraux commandants de corps d'armée adressent », par l'alinéa suivant :

« Les gouverneurs militaires et les généraux commandants de corps d'armée adressent, dans la deuxième quinzaine de décembre, et, au plus tard, pour le 1er janvier, le tableau des convocations, en trois expéditions, au Ministre (Etat-Major de l'Armée; Section du Service courant). »

Art. 226.

Remplacer le cinquième alinéa par le suivant :

« Lorsque l'homme a été visité par un médecin *militaire* et que celui-ci a conclu au report de la période à une date ultérieure, le chef de corps ou de service doit accorder obligatoirement, suivant le cas, soit un ajournement, soit un changement de série (sauf dans les circonstances prévues par le renvoi 1 de la page 205) et il se conforme, ensuite, aux prescriptions de l'article 225 ou de l'article 235. »

Art. 237.

Remplacer le premier alinéa par le texte suivant :

« Art. 237. Une période d'exercices peut être contremandée :

« 1° Par suite d'élections;

« 2° Par suite d'épidémie;

« 3° Pour toute autre cause.

« Les articles 202 et 203 indiquent comment est prononcé le contre-ordre dans les deux premiers cas.

« En ce qui concerne la troisième éventualité, quelles que soient les circonstances qui se présentent, ce contre-ordre ne peut être donné sans l'autorisation préalable du Ministre (Etat-Major de l'Armée; Section du Service courant).

« Toute période contremandée est, en principe, reportée à une autre date, dans le courant de la même année. »

Art. 254.

Remplacer le premier alinéa par le texte suivant :

« Art. 254. Sont soumis à une revue d'appel :

« Les hommes du service auxiliaire au cours de leur cinquième année de service dans la réserve de l'armée active;

« Les hommes de la réserve de l'armée territoriale dans la première année de service dans cette catégorie de réserve. »

Remplacer l'article 263 par le suivant :

« Art. 263. Dans le département de la Seine, la revue d'appel a lieu à des dates et dans des conditions que détermine M. le gouverneur militaire de Paris, en s'inspirant des dispositions générales prévues ci-dessus. Elle est toujours passée le dimanche. »

Art. 267.

Remplacer le dernier alinéa par le suivant :

« Les hommes convoqués pour une revue d'appel sont dispensés de répondre à la convocation dans le cas où, pour rejoindre le lieu de réunion le plus rapproché et en revenir, ils ont à effectuer un trajet dont la durée totale est égale ou supérieure à vingt-quatre heures (1). »

Art. 286.

Remplacer le cinquième alinéa par le suivant :

« Les hommes en résidence dans ces colonies ou pays de protectorat sont dispensés des revues d'appel imposées aux hommes du service auxiliaire et aux hommes de la réserve de l'armée territoriale. »

Remplacer l'article 304 par le suivant :

« Art. 304. Les militaires qui proviennent de la gendarmerie maritime restent affectés, comme réservistes ou territoriaux, à la compagnie de gendarmerie maritime à laquelle ils appartenaient au moment de leur passage dans la réserve de l'armée active ou dans l'armée territoriale. »

Modèle n° 6.

Remplacer (1) les mots : « Bulletin d'avis de mutation pour le », par les suivants :

« Bulletin *individuel* d'avis de mutation pour le ».

Modèle n° 45.

Dans la colonne du milieu, remplacer (1) la dernière ligne formée des mots : « Pièce à transmettre au Ministre des affaires étrangères », par le texte suivant :

« Pièce à transmettre, *dans les huit jours*, au Ministre de la guerre. »

---

(1) Les nouveaux imprimés, établis d'après le modèle modifié, pourront n'être employés que lorsque les approvisionnements des anciens imprimés correspondants auront été épuisés.

TABLES

TABLE CHRONOLOGIQUE

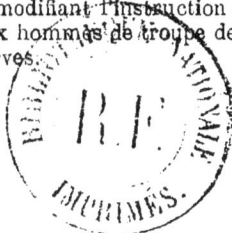

TABLE ALPHABÉTIQUE

N

P

R

S

V

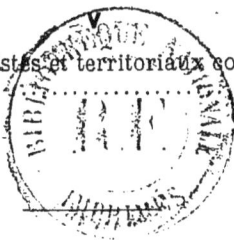

Paris et Limoges. — Imprimerie militaire Henri CHARLES-LAVAUZELLE.

Imprimerie militaire
Henri CHARLES-LAVAUZELLE
PARIS ET LIMOGES

www.ingramcontent.com/pod-product-compliance
Lightning Source LLC
Chambersburg PA
CBHW071011280326
41934CB00009B/2261